El árbol de Emajagua

Colección *Aquí y ahora*

1. La noche y la poesía tienen algo que decir, *Andrés Castro Ríos*
2. Como el caer del agua sobre el agua, *Jesús Tomé*
3. Entre la inocencia y la manzana, *Alfredo Villanueva*
4. Sueños de papel, *Magaly Quiñones*
5. Callando amores, *Roberto Ramos Perea*
6. Solo de pasión / Teoría del sueño, *José Luis Vega*
7. Crimen en la calle Tetuán, *José Curet*
8. Espejo de lluvia, *Carlos Noriega*
9. La religión de los adúlteros, *Pedro López Adorno*
10. Amantes de Dios, *Ángela López Borrero*
11. Peso Pluma, *Edgardo Sanabria Santaliz*
12. Este ojo que me mira, *Loreina Santos Silva*
13. Peloteros, *Edgardo Rodríguez Juliá*
14. Detrás de los infiernos, *Miguel Ángel Fornerín*
15. Tres lirios cala / La madre tierra, *Abniel Marat*
16. Arqueología, *José A. Peláez*
17. Bajo el signo del amor, *Francisco Matos Paoli*
18. La sustituta y otros cuentos, *Juan López Bauzá*
19. Reparos del espejo. Versos apócrifos de Sor Juana Inés de la Cruz, *Manuel de la Puebla*
20. Libreta de sueños, *Myrna Nieves*
21. El corazón fuera del pecho, *Jorge María Ruscalleda Bercedóniz*
22. Palabras en el tiempo (1948-1993), *Francisco Lluch Mora*
23. ¡Ay, bendito!, *Carmen Alicia Morales*
24. Te traigo un cuento, *Luis López Nieves* (Compilador)
25. Peregrinajes, *Hugo Gutiérrez Vega*
26. Cuando Él es adiós, *Mairym Cruz-Bernal*
27. Divas, *Luis Trelles*
28. En el fondo del caño (Genealogía), *Rosa Vanessa Otero*
29. Crónica del hombre solo, *Fernando Cros*
30. El árbol de Emajagua, *Marcos A. Ramírez Lavandero*

Marcos A. Ramírez Lavandero

El árbol de Emajagua

EDUPR

EDITORIAL DE LA UNIVERSIDAD
DE PUERTO RICO

15 de septiembre de 1997

Aquí y ahora, colección creada y supervisada
por el Dr. José Ramón de la Torre

Primera edición, 1997

ISBN 0-8477-0313-4

Tipografía: Marcos R. Pastrana Fuentes
Diseño de portada: José A. Peláez
Ilustración de portada: Alcibíades Santana

Impreso en los Estados Unidos de América
Printed in the United States of America

EDITORIAL DE LA UNIVERSIDAD DE PUERTO RICO
PO Box 23322
San Juan, Puerto Rico 00931-3322

Administración: Tel. (787) 250-0550 Fax (787) 753-9116
Dpto. de Ventas: Tel. (787) 758-8345 Fax (787) 751-8785

A Hermela,
mi compañera
de Emajagua

Gracias
a Carlos Gómez, hijo,
y a Antonio Moreda

Contenido

Prólogo

La percepción se altera sustancialmente, el mar abre sus puertas en el agua, la rosa se confunde con la espina en un abrazo eterno, lo más cotidiano adquiere una dimensión cósmica, los ríos dejan de ser ríos y luego con un golpe de amapolas regresan desde la montaña, todo espera la conjunción del alma y la palabra, y los espacios, y el silencio; de lo más recóndito, de adentro hacia afuera una llamarada ilumina la sombra, y hasta lo más oscuro resplandece con su propia oscuridad, y el mundo entero queda para siempre transformado: eso es la poesía.

Antes de escribir estos versos yo sabía intelectual e intuitivamente que la poesía era producto de las profundidades, que trascendía los esquemas, los paradigmas, y por lo tanto hablaba en otro lenguaje, en otras dimensiones. Se nutre de la vida, de las más humildes criaturas, de nuestros amores y nuestros terrores, de la naturaleza que aparece de pronto descarada y desnuda, como un dios que nos lleva a un paseo por la tierra para darle nombre a todos los seres, a todas las cosas. Pero nunca me había sentido un mero instrumento, un vehículo de la noche, del mar, de un árbol estampado contra el crepúsculo. Uno no decide escribir poesía, la poesía te escoge para salvarte. El tema de una poesía se escoge a sí mismo, quién sabe si porque había llegado la hora, o porque era el momento más inapropiado. A mí me escogió el árbol de Emajagua.

El Autor

Poesía o nada
poesía y todo

Pablo Picasso

Frente a la inmensidad

Frente a la inmensidad
de la pradera azul,
cortando la línea del salitre,
frente a la infinita vida
y la infinita muerte,
frente al absolutismo del mar,
en el diálogo del tiempo
y la sagrada sal de la variante,
se levanta el árbol de Emajagua,
solo, orgulloso, fijo,
ratificado cada día
en su majestuosa soledad
de capilla ardiente,
entregado a su origen
de campana verde,
elevando su canto
a la rubia hermosura del viento
y al silencio de la lluvia.

El árbol se esfuma

El árbol se esfuma
lento y doloroso,
en un crepúsculo
opaco y remoto,
los pescadores esperan
pacientes en la espuma,
y hora a hora la noche
se extiende por la calma,
como un manto arropando
una paloma verde,
como la nostalgia
arropando el alma;
y la ventana se cierra
sobre la tarde y la tierra
mientras el viento descifra
el color negro de la noche.

Y en mi oscuro asilo
en la costa de Emajagua,
me convierto en agua pura,
en salitre bendecido,
en una copa de vino
fuerte y añejado,
como una gota de luz
al mundo regalado;
y en la penumbra compañera;
mi amada espera
y un beso salado alumbra
el blanco lecho de la primavera.

Cuándo llegué a estas raíces

¿Cuándo llegué a estas raíces,
a estas singulares simetrías,
a estas hojas desplomadas
que germinan en la tierra?
¿Cómo me convertí en árbol,
en lluvia, en sol?
Cómo fue que mi corazón,
de pronto, comenzó
a coleccionar caracoles?
Cuándo fue que aprendí
el lenguaje de los árboles,
la sabia lección de las raíces
la oculta historia de las aves?

Soy oriundo de largos años
de canastas de amargura,
polvo seco y arena dura,
el sudor de tantos peldaños,
la tinta indeleble de nacer
y morir y morir ya muerto
donde ya no era antes;
para seguir viviendo
en coches rojos como el día
polvorientos restaurantes,
comiendo cada día,
cada hora
oliendo el seco olor
de las páginas vacías.

No sé por qué fui escogido,
bendecido,
condenado por el agua bendita
que la lluvia deposita
sobre el árbol de Emajagua.

Solo veo

Solo veo
en este día
el árbol
de Emajagua,
solo encuentro
el refugio
en la sombra
de su imagen,
en el libro
de su permanencia,
en la agrietada
espesura
de su verde
follaje,
en la clemencia
de verme
en su escritura,
y lo demás
es agua de ternura
tierra y viento.

En este mediodía

En este mediodía
de naranja enrojecida,
de azules desnudos
en mosaico y movimiento,
al árbol de Emajagua
le pregunto su origen,
cómo llegó aquí,
cuál fue su semilla,
cómo crecieron
sus encarnizadas raíces,
quién pintó sus hojas
de verde aceitoso,
cómo se definió
el alma de su tronco,
y permanece silencioso,
en su silencio majestuoso
en su aparente indiferencia.

No sé si está
examinando mi vestidura,
tomando mi calzado,
midiendo mi estatura,
recogiendo referencias
del mar y la espuma,
del viento que se cuela
en mi regazo,
o quizás está
requiriendo más

que una pregunta,
más que una mirada
a través de la ventana;
y tampoco sé
si algún día
contestará mis preguntas.

Aquí

Aquí
en el árbol de Emajagua.
Aquí es mi vida;
como si fuera una herida
en el tiempo desvestido,
desnuda en la grieta,
amparada en su propio
movimiento,
en su estilo de tierra,
en sus redes de viento
y peces desterrados,
y así llegó la vida
como perros rabiosos
con sarna y mugre,
o una ráfaga
de lluvia
silenciosa,
y gota a gota,
se estrenó la rosa,
la estancia oculta
de todas las cosas,
de todas las vidas,
la religión de la existencia;
y así mi vida se hizo
barro húmedo,
tierra fértil y mustia,
camino pisado
por todos los peregrinos,
hasta que llegó aquí
y se hizo árbol.

Vientos huracanados

Vientos huracanados
azotan el árbol de Emajagua;
desde las inequidades
del África negra
llega Luis, Hortensia o Hugo,
torbellinos
del espacio desgarrado,
ojos rodeados
por cejas salvajes,
por albañiles de desgracia,
sellos de viento
estampados
en la arena del Sahara,
como si a través de las aguas
quisiera la gloriosa España
reconquistar lo americano,
y llevarse todos los tesoros
en tres carabelas
de ataúdes y relicarios,
de longitudes y latitudes
pintadas con sangre
en el mapa del Caribe,
y al final
en la calma chocante
que resuena y amanece,
el árbol vive
como una sombrilla
salpicando arena;
y simplemente permanece.

Los pescadores

Los pescadores
llegan al atardecer
a la costa de Emajagua,
para nacer
de nuevo cada día
en la acera del océano,
y arrancarle sal
y escamas
a las aguas,
y el árbol los cobija
bajo su escuela
de siglos verdes,
respetuoso de sus hilos
sus canas y silencio,
un silencio que une
más allá de las palabras,
ese silencio que perdona
la persistencia,
la acalorada plenitud
de la sobrevivencia,
y de pronto,
acuden los mensajeros
de Neptuno,
los pasajeros del mar,
como periódicos celestes
publicando los últimos titulares
del misterio;
pero a los peces
solo los escucha el árbol.

Hoy siento en mi pecho

Hoy siento en mi pecho
la esperanza;
y una sacudida de viento
sobre el árbol de Emajagua
hace caer una de sus hojas
convertida en alabanza,
como una gota de agua
arrimada a la tierra;
y por eso no descifro nada,
guardado en un escondrijo
dejo el pensamiento,
y en un rincón
suelto los requerimientos;
y mi corazón
solo quiere ser árbol
raíz, tronco y pulpa,
recóndito en el charco azul
de la naturaleza,
sin abrigo o equipaje
culpa o propósito.

¡Oh, árbol de Emajagua!
Oh, tesoro del conjunto!
Obséquiame un viaje,
estréchame en tus hojas
y déjame ver el mundo
con tus ojos.

Esta noche de lunas desaparecidas

Esta noche de lunas desaparecidas
y recuerdos abandonados en un beso,
de estelas de lumbre y victorias
donde la pesadumbre escribe las esquelas;
el árbol de Emajagua me pregunta
la calle en que nací, su nombre, su número,
el efímero reloj de mi raíz;
y qué debe hacer en mis edades,
cómo reconocerme en la niebla mustia,
qué debe hacer en las extremidades
donde entre máscaras se dan mis eventos;
y por qué existo en mis oscuras soledades,
por qué persisto, por qué no me decido
a morir y vivir en la pintura y las cáscaras
de un coraje vencido en mis verdades.

Un día moriré

Un día moriré
bajo el árbol de Emajagua,
y seré enterrado
en un ataúd de su madera,
dormiré en su tierra,
hablaré con sus raíces,
y seré polvo,
abono religioso,
y poco a poco
subiré por su rizoma,
nadaré en su savia,
llegaré a sus hojas,
y tocaré el cielo
con sus manos.

A todo el mundo vencen las palabras

A todo el mundo vencen las palabras,
como sangrientos elefantes olvidados,
feroces ríos que se pierden en las grietas,
o pulmones expirados en la piedra.

¡Ah!, pero no al árbol de Emajagua:
su lenguaje es de fragor viejo,
de oscuros relojes que viven en los muertos,
donde las cosas fraguan su diseño.

A pleno sol y puñales de viento
permanece inmóvil, incorruptible,
asediado por sudor, estiércol y tiempo.

Y allá entre las hojas y el comienzo
se repliega el alma, en la noche libre
de árbol, muerte y nacimiento.

Llevo en el alma

Llevo en el alma
dolores que rascan el cielo,
como rascacielos
pidiendo misericordia,
augustos misterios
que separados y juntos,
uno a uno, son la suma
de todos los golpes de la vida.
Son el cerco estudiado
del destino
el hueso refugiado
detrás de una mirada,
la confidencia
de huellas traicionadas.

Le digo estas cosas
al árbol de Emajagua:
esa es mi vida,
esas son mis heridas,
y prefirió
cortarse en leña,
y quemarse a pleno fuego
en la llama del olvido.

¡Oh, árbol de Emajagua!
si supieras todo
lo que es mi angustia,
preferirías vivir

conmigo en la luz de mis dolores,
en el carbón de oscuros lazos,
y en la obligación de existir
con el corazón hecho pedazos.

Si alguna vez me voy de viaje

Si alguna vez me voy de viaje
el árbol de Emajagua irá conmigo,
en un rincón de mi maleta,
o en una manga de mi traje
como un compañero de luz
que en la sombra perdió una mano
y ahora es pelícano
planeando las gavetas de mi vida.
Hemos vivido nuestras miradas
en el silencio largamente conversado.
Hemos contemplado el mismo mar
su claro azul, su oscuro verdor.
Hemos compartido el sabor
de nuestros tristes gabinetes,
y renacido varias veces
en el dolor de todas las vidas;
de todas las que han muerto
en un día de polvo y pieles
y hojas perdidas en el viento.

Por eso
si algún día me voy de viaje
será más, más y más,
será mi corazón, mi vestidura,
mi epitafio, mi costura,
y obsequiándome en vez
de una corona su madera,
me acompañará hasta la tierra,
y más allá, más allá,
¡hasta la misma eternidad!

Aun en la oscuridad

Aun en la oscuridad
veo tu silueta de campana
entre los astros de la noche,
tu tenue figura
dibujada en los espacios negros
de la vida.
Ya sabes por qué me alejé
de aquellos caminos inhóspitos
de aquellas soledades dormidas.
Ya sabes por qué dejé
las venas derramadas en la arena
y guardé aquel beso en el estuche.
Porque nadie pierde un beso en la noche,
nadie va sino es regresando,
nadie pierde a Dios sino es rezando,
y todo se escurre por la acera fría,
y simplemente porque si no lo hacía
no hubiera podido contemplarte
ni en la noche, ni en el día.

Hay extraños sabores

Hay extraños sabores
que atacan el paladar cada día,
y llegan de pronto y sin aviso,
como tormentas de nieve
sobre el verdor de la pradera,
o cientos de huesos rojizos
sobre el campo de batalla,
lanzas amargas, epitafios heridos,
dulces salamandras pisoteadas
por ángeles y diablos
que tiran en la acera
todos sus dados en una última jugada;
y sabor a sabor, hoja a hoja,
una gran hoguera cristaliza
el fuego de la vida en la madera,
y al final sólo queda el agua y la ceniza.

Cómo fue que llegó mi amada

Cómo fue que llegó mi amada
a la sombra del árbol de Emajagua,
esas pequeñas manos entre las mías,
esas caricias que prenden el alma,
ese cuerpo que cubrió la noche fría,
esos susurros que abren la calma,
esos labios que el beso adoraría,
y cuando me acuesto con mi amada
no sé si es verdad, la única verdad,
o sólo lo que mi alma soñaría.

Yo nací entre tus hojas y raíces

Yo nací entre tus hojas y raíces,
crecí empapado por tu savia,
recogido en el corazón de tu tronco,
acogido en tu monasterio
como un mendigo
despertado por un golpe de día,
por un golpe seco de luz de tu campana;
y en un día de lágrimas y viento
sentí que mi canto crecía en la memoria,
detrás de la pared del pensamiento,
desde los moluscos y anfibios
que antes ocuparon la célula;
y más allá del átomo y el vacío
comenzó a darme palabras,
versos para conversar contigo
a través de la arteria y la ventana.
¡Oh, árbol de Emajagua!
en el espejo virtual de la materia
algo eterno se sabía:
que sólo en el concreto hecho de tu poesía
está la sagrada agua de mi canto.

Heredero de todos los caminos

Heredero de todos los caminos.
Soy uno y soy todos,
me palpita el corazón
en la encrucijada, en el cuchillo
donde a cada paso
se queda todo atrás en el humo;
y todo se queda atrás
en aquel saludo postrero,
en aquella pisada que hirió la tierra,
en lo que fue recogido
y luego se perdió en la niebla,
como un escarabajo que pasó volando
y dejó una estela verde en el recinto.

Por eso todos los caminos
conducen al árbol de Emajagua,
frutos del alma
que convergen en un punto,
estampas de espacio y tiempo
en una sola historia,
y no importa por donde vayamos
siempre llegaremos al árbol;
y en Emajagua
lo conocemos de nuevo.

Y todo es una gota de sangre

Y todo es una gota de sangre
que día a día cae sobre el albergue,
una triste gota de sangre,
como un sol rojo
muriendo en la alfombra,
o un cuadro sin brocha
que llora lágrimas de tinta en el lienzo.

No sé por qué fue a buscarme la sombra;
y aquellas mujeres que buscaban
su propia herida en mi cuerpo,
como si se quisieran rendir
o les faltara corazón para sentir.

Y llegó a mí el árbol de Emajagua.

Y hoy se reparte el trigo y el pan,
la vendimia de luz sobre la mesa,
el agua, el agua de verde azafrán
que viaja por los ríos hasta el mar,
y con una flecha certera
restaura la calma en el desván
donde descansa una pasión verdadera.

¡Ah, sentir la vida a chorros!

¡Ah, sentir la vida a chorros!
A escandaloso río
que se vuelca en la ruptura,
y si es frío, que sea el más brioso,
si es calor, que sea enardecido
y si es amor, toda la dulzura.
Ah, sentir que el alma se fue con un sueño,
que dejaste la sangre en el camino,
que tu corazón no tiene dueño
excepto la rosa que sella el destino,
que cuando el cuchillo abrió la herida
fue tu corazón el más intenso,
que te arropó la nieve con su manto,
y entregaste tu último latido
en un solo canto.

¡Ah, sentir la vida como la siento!
como el árbol de Emajagua
en su verdad desenfundada,
en su lealtad soberana
a las estrellas que desata el viento.

Sólo hay fuego en la llanura

Sólo hay fuego en la llanura,
algarabía de uvas negras
que explotan en la pradera,
y llamas de oscuro rencor
cuando se vive solo de amor.

Yo no quiero vivir en el sol,
no quiero ser una ardiente rama
del árbol de Emajagua,
salvado del infierno
por el fuego que azota
todo mi ordinario ego,
como una estatua de rosas
cobrando vida en el azufre,
muriendo en su propia espina,
recogiendo todo lo que se sufre
por todas las esquinas.

Oh, árbol, soy también libre
de tu impaciencia,
deja que la noche vibre
con su salvaje presencia,
que me olvide la ausencia
como se olvidó a sí misma,
conviértete en leña y hoguera,
y déjame ser tierra:
¡un solo puñado de existencia!

Eres una rama en la ladera del abismo

Eres una rama en la ladera del abismo,
el peldaño hacia la cima,
la escalera por donde suben los mercaderes
del tiempo y la resina,
y dime si no has sido verde y sabio,
dime si no has sido el edificio de mi canto,
la campana que despertó mi corazón
en la costa de Emajagua.

Quisiera volar muy lejos en el día,
recordar nuevos horizontes,
subir hasta los grandes montes,
quisiera saber cómo se vería
el mundo como un polizonte
que se tira al mar para salvarse.

Pero siento que de ti nació mi canto,
que tú eres la semilla y la cosecha,
siento que no te conozco todavía,
que sin ti no tengo fecha,
siento que me falta tu presencia,
el universo de tu recinto,
tu existencia, tu laberinto,
tu verdadero ser entre las hojas,
y pienso que podría llevarte
en ese viaje por las olas
y por siempre en versos cantarte.

Te quiero en la distancia

Te quiero en la distancia,
muy lejos y muy cerca,
estampado contra el mar,
hablando de lejos a mi oído
en el bendito azar de la ilusión
y la feroz presencia del olvido.

Pero tengo miedo de acercarme.
He querido arrancarte
un pedazo de piel y escamas,
quitarte una mano verde,
subir por las columnas
de aire marrón en tu capilla,
desterrar los fantasmas falsos
que merodean en el barro,
y oír la música de tus latidos
en el corazón acústico de tu sombra.

Oigo tu voz en mi memoria
como un clarín acongojado
despertando la ausencia,
declamando la historia
de todos los árboles,
la que sabemos y no sabemos,
la que nos hiere en el templo
y luego vuela con la estrella,
y aquella que no llegó a ser hoja
y se quedó en el potencial herido,

donde todos somos y fuimos,
donde tenemos el hueso escondido
de este ser y no ser de las rosas,
de este ir y no ir por los caminos.

Pero tengo miedo de perder tus palabras,
tu lenguaje de anhelo y espejismo,
aquello que nunca fue lo mismo
y anda en las verdades aladas
cuando por fin se abre la ventana.

Veo con claridad

Veo con claridad
las culebras sinuosas
que cubren tu cuerpo,
como raíces extralimitadas,
como tentáculos de tierra
que te recuerdan tu huerto,
tu atadura al polvo
y a la ceniza desparramada
sobre las piedras,
tu lazo con lo oscuro,
con los granos subterráneos
que palpitan duro
en el fuego interior de tus errores.

Qué perfiles extraños,
qué arrugas extravagantes,
qué recovecos adornan tu cara
de árbol viejo y elegante,
de sabio analfabeto
que no sabía nada,
excepto estrenar su rostro
con la muerte.

En tu dibujo verde

En tu dibujo verde
la primavera resplandece
todos los días,
tu atuendo te delata,
te descubres
en tu dulce vestidura,
como hojas asadas
por el verano
de todas las estaciones;
y a fuerza de fuego y aire,
de sol, viento y mar,
de espejos defraudados
y granos blancos
que nunca llegaron,
desaparecieron los inviernos
donde nunca habían estado,
y quedaste calcinado
en la tierra, solo en tu isla,
quemado por la estabilidad
de los cuatro costados,
mientras el mundo
viajaba en la secuencia,
en la circular anatomía
del tiempo y los planetas.

Y con una peseta de oro
nace otro día de verano,
y las perlas frías

son un tesoro de lágrimas,
un puñado de uvas vacías
que debes reconocer
sin conocerlas nunca.

Hoy te observo de nuevo

Hoy te observo de nuevo
como si no te hubiera visto antes,
se transmutan los ojos cada día,
cada día la retina sufre un nacimiento,
y cada noche vuela el olvido
y los ángulos del alma
se estremecen con un sueño perdido.

A veces no me pareces árbol;
a veces te veo con uñas,
con un trébol de sonrisa,
con pies, con pelos, con cabeza,
con ojos y una piel mestiza,
y me hablas en lenguaje desconocido,
en una melodía insensata
que toca el viento con tus manos.

Y en el nuevo día vuelves a ser árbol,
y la vida sigue por el mundo.

Se me ha gastado la vida

Se me ha gastado la vida
en traer y llevar los trajes,
las máscaras de espinas
guardadas en el cofre;
y es así que cansado
de tanta armadura,
de tanto metal azucarado,
me desnudo porque lloro
espesas ciruelas duras,
porque tengo la obligación
de existir, de vida pura,
sin escenarios o libretos
ni censores o vetos
que muriendo visten la ternura.

Y aquí estoy
bajo la sombra del árbol,
en la luz de mi único ser,
viviendo al fin
en donde siempre estuve.

Yo te he dado vida

Yo te he dado vida.
Yo te he dado nombre
con dos mitades de apellidos;
y una y otra vez lo escribo
con bolígrafo y piedra
en los papeles azules del hombre,
y en los pergaminos del tiempo;
y una y otra vez aparto la niebla
con letras y un nacimiento,
para que todos crean
que en verdad existes
fuera de mi pupila,
que eres, como todos,
de hueso y carne sufrida:
polvo de piel sobre las lozas;
y que deben saludarte,
darte los buenos días
hasta guardar todas las auroras
que te vieron llegar
vestido de luz entre las hojas.

Yo te he dado vida y nombre,
y ahora ocupas mi delirio
como un hijo bueno,
como un corazón verdadero
entre el agua y la desdicha.

Qué importa si no te conocen;
quédate sereno en mi guarida,
es suficiente,
tú y yo lo sabemos.

Cuánta sabandija

Cuánta sabandija
tienes que soportar en este día,
cuántas hormigas
pasean impasibles en tu cuerpo,
cuánta criatura
se acomoda en tu seno,
cuántos pájaros
visitan tus hojas aladas,
cuánto viento
te acaricia en la mañana,
cuántas nubes negras
depositan su descarga
cristalina en tu vestido,
cuántas vidas,
cuántas muertes
que nunca habías sentido,
cuánta existencia vibrante
despertó tu suerte cada día,
cuántas,
cuántas;
serán todas y cada una,
mientras una luna salvaje
crepite cada noche,
o un látigo de ira
suave y sedoso
se deslice por tu piel herida,
y arranque de tu corazón
palpitantes besos dolorosos.

Todo lo que amamos

Todo lo que amamos
nos persigue entre las piedras,
como jinetes tras un fugitivo,
como garras de pantera
acechando en la vereda;
y yo amo porque amo,
porque quiero sufrir
el salto de fuego en la vereda,
y el ladrido de perros en la noche,
porque quiero sentir
la pradera temblorosa
con el golpe de cascos en la tierra;
y amo porque amo la rosa, las estrellas,
y me hieren todos los dolores
de aquellos que no ven la luna bella,
y se dedicaron al amor mismo
creyendo que era suficiente el amor;
hasta que no supieron otra cosa
que mirarse a sí mismos
en la desnuda verdad de las auroras.

Por eso todo lo que amamos
no nos deja amar tranquilos en el árbol,
y todos los días bendecimos
esos amores que no nos dejaron amar.

Y yo sigo amando porque amo,
y es realmente sencillo:
es que amo el mundo y sus amores.

Eres testigo implacable

Eres testigo implacable
del sufrimiento de mi patria,
y década tras década
no lloras una gota de savia,
no derramas una gota suave
por este horror colectivo,
por este honor que nos falta,
por este dolor autoinflingido.

Quiero saber por qué no lloras por mi patria.

Sé que sabes en tu pecho
la angustia de ser y no querer ser,
la amargura de no reconocer
tu imagen en el estanque deshecho,
y beber tus propias palabras huecas
hasta llenar la copa de tu estancia.

Quiero saber por qué no lloras por mi patria.

Quiero saber por qué no lloras por mi patria.

Quizás porque sabes
que es necesario la ceniza
para despertar el día de fuego
y que es requisito la muerte
para poder morir como pueblo.

Quiero saber por qué no lloras por mi patria.

Oh, pequeño enano gigante

Oh, pequeño enano gigante
de la costa;
ni el más leal artificio,
ni el más orgulloso jardinero,
imaginó jamás
tu figura de bonsai
estampada en el crepúsculo,
como una espina dorada
del gran arquitecto,
un rayo más de naturaleza.
Pequeño y grande eres,
como todos los seres,
como todas las cosas,
la piedra, el aire, la tierra,
el arcoiris,
que en su singular secreto
los ángulos del tiempo desafía,
y aun en la noche sombría,
nunca, nunca
perderán su maestría.

Hoja a hoja

Hoja a hoja
se desborda el día,
rama a rama
el día abraza
la madera del momento,
y cada minuto,
cada número inservible
se deshilacha
en más números,
en totales delgados,
huecos, interminables,
como secuelas submarinas
que no van y no vienen,
que permanecen
hasta que son algas marinas,
y reaparecen
en el horno que cocina
el nuevo día,
el día que vuelve
con su tema,
que vuelve en el horno
que nos quema.

Y es así que esta noche
ya no viviré en los sueños;
viviré solo en la hoja,
en la rama

que vuelve hirsuta,
en cada minuto
que volviendo se nos quema,
que nos quema porque vuelve.

Estoy solo

Estoy solo
en el agua silente,
en el río azul
que fluye ausente,
como una gota
más en la corriente,
como una copa
que se llena de luz
en lo terrestre,
en lo que nace una vez
y muchas veces,
se transforma
y permanece, tal vez,
en absoluta presencia,
en una de tus hojas
que ya no escucha,
que es indiferente
a la triste experiencia,
a la sencilla
y ardiente reverencia,
y solo vive,
solo vive
en el último altar
de la existencia.

Dime árbol mío:
¿fuiste tú quién

me devolvió
el origen del peregrino?
Tú fuiste el solitario,
el altivo sol
que brilla en el olvido,
el que derrotó
las altivas soledades,
y se quedó solo,
solo en una pasión,
en una luz de ansia,
en una catarata
de mundo y corazón.

Cuando salí al mundo desterrado

Cuando salí al mundo desterrado
no sabía que en los rincones me esperaba
el dolor del hueso arrepentido,
de un esqueleto que a poco se formaba
por el peso y amor de todo lo vivido.

Aquel cirujano experto despegaba
la piel de las entrañas, el cruel herido
dejaba de recuerdo su escalpelo,
y la olla caliente, el agua hirviente,
seguía derritiendo el pelo, la cabeza,
el paso del tiempo, su sirviente;
hasta que todo era ceniza resurrecta,
polvo que se alza, que ardiente todavía
se rehace, baila y da una vuelta
en implacable y extraña coreografía.

Oh, árbol que juegas

Oh, árbol que juegas
tus amores
en la tarde plateada;
el mar embravecido
te acecha con garras
de águila emplumada,
y tu techo usualmente
enrojecido, se viste
de negro en ésta tarde.
Todo está sombrío
en esta tarde.
Todo tiene un sabor
a tierra húmeda,
a sal mojada,
a espuma
mil veces enlutada.

Esta tarde el viento
no recogerá tus hojas,
la tarde lluviosa
las reclama todas;
reclutadas
para salvar la vida
y morir la muerte,
alimentar la escuela
del ambiente,
asegurarse

que siempre suene
la honrosa
y magistral secuela
de la vida,
siempre
brillante y dolorosa.

Sí, ésta tarde es sombría
pero es valiosa:
restaura la sombra
del diamante,
establece la síntesis,
la escrupulosa
sobriedad del balance.

En esta tarde somos
de nuevo las hojas
muertas,
trituradas en la tristeza
húmeda y triste
de la lluvia
y de la tierra,
sin viento,
sin sol,
sin vuelo,
muriendo,
lentamente nutriendo
el otro lado del espejo,
un abono escribiendo
otro libreto más

de un día dorado,
del día
que arde oloroso
a sal y viento,
vagamente recordado
en esta tarde,
igualmente siempre
brillante y doloroso.

No será la cruel herida

No será la cruel herida
o el salvaje llanto,
las caderas, los sillones,
el ruiseñor y su canto,
la mujer que nació y sufrió,
aquellos gatos bribones
indiferentes como piedras,
o el hombre que murió
enlazado en sus deberes;
lo que nos llevaremos
en este vago amanecer
del olvido y de la rosa.

Será solo ceniza incolora,
será lo que queda por hacer
en los jardines separados
que existen bajo la tierra,
y en las huestes azules
de horizontes internos,
será un huerto que ha sido
golpe de tierra sobre tierra,
de muerto sobre muerto,
donde un árbol nace inadvertido
entre la dureza y el invierno.

De pronto

De pronto
se escaparon las palabras,
y ya no supe qué decir
o si tenía algo que decir;
pero sabrás que no me alejé,
no me detuve,
donde estuve usé el arado,
no dejé en paz el papel blanco,
ni me escondí en la ignominiosa
luz del heredado,
seguí atacando las teclas
con furia, con empeño,
con la locura sublime
del obsesionado,
y me quedé ciego,
sin sueños,
sin nada que decirte,
ni decirme;
mi corazón fue desterrado.

Y cuando ya no era nada
excepto una ruina en la pradera,
cuando Emajagua era un desierto
donde nada se levantaba,
o se fraguaba,
cuando el deseo quedó
abandonado en una copa de nieve

muriéndose de frío,
miré una vez más el árbol
y descansé en paz en el estío,
descartado por la espina
de agua en la calle oscura,
donde regalé a los muertos mi albedrío,
y volé con el águila albina
derrotado y feliz en las alturas.

Y sólo entonces pude seguir cantando.

Un día me fue a buscar este amor

Un día me fue a buscar este amor:
difícil, molestoso, embriagante
como un vino añejo, frutoso,
tinto y jugoso como la sangre,
y trajo sudor, fuego, desbalance,
fue fugaz, entretenido, permanente,
alma de sol, deambulante desvalido,
trajo cerraduras y puertas,
extraños laberintos secretos
donde se encontraban los caminos,
trajo planetas, ciudades,
y calles oscuras como grietas,
y allá en el mar, en Emajagua,
trajo el árbol entre las piedras;
sí: lo trajo este amor que vivimos,
este amor que en sus cualidades
siembra la luz en las raíces,
renace, espera, vibra lo que fuimos
y con honor destruye las verdades,
enlaza venas, manos, edades,
y lo que dimos, lo que hicimos,
todo lo que guardamos
como ropa vieja en el armario,
donde un mohoso rosario
dejamos también solo y olvidado.

Ah, cuando el amor es verdadero
no importa su vestido

de harapiento espantapájaros,
basta su inocencia, su eco de viento,
su pura existencia en lo vivido.

Ay, árbol del amor mío

Ay, árbol del amor mío,
el día de hoy lo ocupas
con extravagancias,
con una nariz desolada
que en el frío no puede
oler el mar y su fragancia.

Ay, amor del amor mío,
no te ocupes de lo que sientes
cuando el ardor está dormido,
eres tú, soy yo, tú y yo entre
las redes del destino,
son redes de sal y viento,
de dolores carcomidos
por enormes bocas que siento
morder y morder mis entrañas.

Déjame morir en la mañana,
aleja el oscuro sentimiento,
deja atrás el amor y el rencor,
atiende la plenitud del momento
en toda su célebre ausencia,
en su sol de clave inaudita
que prende los cañaverales,
y estoico mira la presencia
de la flor, no prevista,
que se alojó en mis altares.

Revuelca, suelta tus manjares:
arde y muere de amor en la pista
de tranco sobre tranco,
de paso y paso sobre un viaje
que existe y se inicia
hoy, ahora, siempre ahora,
cuando no hay nada excepto todo,
cuando no hay hora excepto ahora.

Y en este tiempo sin hora
todo se inicia de nuevo.

Y sopla el viento del norte
hacia la costa de Emajagua.

Sabemos que un día

Sabemos que un día
nos olvidará la tierra,
nos olvidarán las estrellas,
quedaremos como un saco
de legumbres y botellas
que fue olvidado en el mercado,
un vago aroma que a medias
despierta entre los sueños,
y es por eso que vibramos
con el árbol, los destellos,
los ocasionales senderos
que trazaron muchas manos,
las cartas perdidas, sin ojos,
que a fin de cuentas
nunca fueron escritas;
y si me preguntan
a donde voy desesperado,
que les diga la tierra,
si es que no me ha olvidado.

La fiebre rueda por los meses

La fiebre rueda por los meses
entre la primavera y el invierno,
como huestes de verano
atrincheradas entre dos combatientes,
y el fuego se apodera de la luz,
la sombra se acumula en los dientes
de la furia, como animal devorado
por párpados resplandecientes,
y el árbol se rehace sin hacerse,
entre la fiebre que rueda por los meses,
entre la fiebre acechada por el frío
que no llegó a ser hoja seca y dura,
no pintó de anaranjado la espesura
ni estableció su lugar en el estío,
entre la fiebre que rueda por los meses,
entre la indómita y mortal temperatura.

Desde que el árbol llegó a mi vida

Desde que el árbol llegó a mi vida
me reciben en las casas más duras,
más oscuras de la tierra,
y en las casas más dulces
donde el odio quemó los racimos;
y acudo al llamado de voces
que susurran, que lamen los oídos,
como lenguas que el sabor habían perdido;
busco en las casas más frías,
la hoguera, el vinagre, la escalera
por donde suben las arpas sombrías,
el pan entre los minerales enfermos,
la miel en las fieras saciadas
con oscuro enjambre de recuerdos,
la sangre escarmentada, la busco
en ese lugar en que la indiferencia perdura,
y en todas las casas
encuentro sal y miel y vino y pan,
en esas casas tan duras y puras
donde aún me siguen recibiendo;
y no se trata de estructura o ventana,
de luz o cielo, de espuma o mar,
se trata que todo es parte y es más,
como ser laguna y agua,
o monte y río o aurora y rocío,
o ser y ser amor, amor, solo amor!

Nació entrelazado

Nació entrelazado
entre los otros;
los átomos iban y venían
ondulando en el vacío
unos con los otros,
hasta que vivieron
en raíz y nacimiento.

¿Quizás es el viento negro
dónde explotan mil soles,
el fin, el único misterio?

¿Quizás es el árbol serio
que me dio la vida,
entre átomos bailarines
que iban y venían
ondulando en el vacío?

Recuerdo tus raíces de fuego

Recuerdo tus raíces de fuego,
las raíces que estaban
dentro y fuera de la tierra,
están ahí, más allá del hueso
y las definiciones,
más allá de las categorías,
fuera de las alcancías
que el hombre perdona,
como espesas regalías
al naciente entendimiento,
y es necesario el alimento;
agua, sal, nubes y viento,
música sonora,
y también mucho silencio,
para que sigan siendo
lo que desde el inicio fueron;
alga de piedra, arpa de mar,
raíces de fuego
dentro y fuera de la tierra.

Buscaba en aquel sitio

Buscaba en aquel sitio
y nunca lo encontraba,
arrodillado en los escombros,
las escarchas,
los zafacones,
los puentes abandonados
entre piedra y piedra,
donde el río no sonaba
porque su estruendo era el silencio,
era un vestigio marcado
en camisa almidonada
que en tu niñez te regalaron,
y en este sitio
no está el que buscaba
ya no está el blanco pergamino,
el lienzo todavía no arañado;
la tinta lo ha manchado
con trazos de brocha, zurcos
en el camino,
y aquel niño que buscaba
quedó para siempre enterrado;
y de pronto
en la vida nació un árbol,
un pedazo de entierro entre las vidas;
y sueltan los dioses altivos
una verdad vieja de las sombras,
un regalo del niño

que quedó por siempre enterrado,
el niño
que no te reconoce entre la niebla,
que tú no reconoces,
¡que creyó haberte olvidado!

No sé dónde

No sé dónde
quedaron los espejos
que gritaban,
que no daban tregua,
como silentes testigos del reflejo
que una lágrima
vuelca en la mejilla,
los espejos
por el vapor empañados,
donde a veces
no distingo las semillas,
sólo hojas caídas,
cristales separados,
rotos,
pedazos que a filo de cuchilla
rompen el alma en pedazos,
y ves solo
una parte de tu rostro
en cada trozo,
en cada uno un destello
revela
la lenta hendidura del pellejo,
la tristeza
que se acogió en los ojos
y la poca integridad del cabello:
ves los años,
los años cabalgando,

corceles de siglos,
de milenios
recogidos en un cuerpo,
de muertos
que acumulan un sudor negro
en la boca,
y repiten cada hora
el chasquido febril
de la campana,
que cantando muere,
usando un pedazo de espejo
como espada.

Se fueron las horas y minutos

Se fueron las horas y minutos
como hijos
muertos al nacer
como salto
de aquel animal hirsuto
que no quiso querer.
Y llega la noche en alto,
se esconden los escarabajos,
qué triste la lluvia en la noche,
la noche oscura
y el viento cantando.
¿Hacia dónde voy
con esta noche y su frescura?
Soy sólo el que soy
nada más y nada menos
y lo que éramos, lo que seremos
son salvajes rebaños
de horas y minutos,
en la noche lluviosa,
y la noche oscura,
y el viento cantando:
¡qué triste la lluvia en la noche!

No llegamos pues

No llegamos pues
a saber nunca los secretos,
los veloces caballos
eluden el pensamiento,
la nuez se rompe contra los muros
los muros de plata
que guardan los vientos,
la abeja no derrota los panales
y el polen vuela
inasequible entre las flores,
y el árbol
se mantiene en silencio.

¿Para dónde es que van las olas?

¿Para dónde es que van las olas?
¿Para dónde el océano
envía sus inquietos mensajeros?
Salen en todas direcciones
cargando documentos secretos,
cartas escritas por dioses,
piedras hechas de sal y arena,
frías corrientes submarinas
que se destiñen en el flujo
inexorable del agua en movimiento.

¿Y cuándo llega la ola a su destino?
O es que, tal vez, es sólo viento,
su único destino es el crujir de hojas,
su única versión es el regreso,
salpicando polvo y nieve, hueso y muerte,
alas que se desvanecen al comienzo,
espuma que en revancha se establece
como un rey sobre mi isla verde.

Nuestro amor nació en suave ola

Nuestro amor nació en suave ola
como el rocío de la mañana
emergiendo de la misma tierra
hasta caer cristalino entre las hojas.
Nació y creció y nunca sola
se atrevió la luna a despreciarlo;
sabía demasiado a miel, a vino,
a sal, a sangre, a fiel destino,
a copiosa cosecha, a un largo
amanecer que nació desde el olvido.

Oh, amor que llegaste lento
como un pequeño riachuelo
en la montaña, roca y elemento,
gravedad y ladera, agua y agua
que corre desde el hielo
por todas las distancias y praderas,
y termina como un coloso
extendiendo un océano que hereda
todos los ríos y amores de este mundo.

Llegó y se fue y volvió

Llegó y se fue y volvió
aquel hombre entre los otros,
y siempre alguna vez apareció
en la esquina de algún rostro,
en un párpado, en una mejilla
pintada de sangre en el otro,
en el otro que era yo,
que eras tú, que éramos todos,
que día a día sobrevivimos
en este fin y este comienzo

Y todos los días regresamos

Y todos los días regresamos
al trauma de aquel día sangriento,
de llanto y sol y frío,
de amor que establecía
su bandera de luz en el desierto.

De ese día nada recordamos,
pero todo nos ata con cadenas,
con caminos entrecortados de niebla,
con azules y sabiduría serena
que parece olvidar dónde estamos
y el trauma de aquel día sangriento.

Y como si alguien nos llamara en voz baja
así quedó escondido el nacimiento,
como un susurro de vida y trueno
en medio de una sala de tormentas,
entre las piernas, los metales, las sábanas,
y nunca fue dolor o escarmiento
sino el trauma de un día sangriento.

Se esparce una sola idea

Se esparce una sola idea
y una semilla arropa la tierra;
un árbol crece y la sombra
establece su oscura dinastía,
llueven los ojos y las hiedras,
las cadenas, los planetas,
palpitan de sal los cañaverales,
y una llamarada que ardía
en aquel pequeño pensamiento,
hizo añicos a los héroes,
desestimó un país de golondrinas,
deja atrás el imperio de la idea
que era estereotipo en movimiento,
coronó con piel y sangre los arquetipos
y se fue a vivir con el obrero,
con el agricultor, con el herrero,
donde cargó el hambre a cuestas,
sembró cosechas infinitas
pan y agua adornaron la mesa
y en fuego que estrenó la vida
se dilataron todas las estrellas.

Todos los relojes se marcharon

Todos los relojes se marcharon
hasta que eran ilegibles las manecillas,
y quedó la muerte desolada
por la distribución de la desdicha,
por el sudor, por la luna
que brilla como quiera en la espuma,
y entre las flores, flechas, los cofres
llenos de caracoles y alcachofas,
reconoce, vive, ama, sufre,
y acepta las instrucciones del topacio.

No es la una, ni las tres, ni son las doce,
es la hora que no se mide en el espacio,
la hora que apuesta su afán en estructura
y establece en la pared un calendario,
en los intersticios de la escritura,
los labios, las palabras, los besos vedados,
en el polvo de mil inviernos enlutados.

Y como un grito de angustia en el oído
vuelven los relojes: el tiempo resuena
con incesantes golpes de odio y de sonido,
y entre las multiplicaciones se estrena
de nuevo la hora en que el tiempo se pierde,
el silencio entre golpe y golpe;
y aquel orgullo que planeó distintas cosas
ve marchar y volver los relojes,
se viste con traje de rosas blancas
y camina en la noche con la muerte.

Hija de la tierra mía

Hija de la tierra mía
y de otras tierras lejanas,
donde las oscuras golondrinas
se pasean a caballo entre las flores:
dame tu mano entre las mías
para pasar juntos el humo muerto,
la niebla que pinta las paredes,
el papel negro que espera en las esquinas,
las telarañas golpeando los puertos
entre el follaje espeso de la vida.

Un abismo sobre la noche se destapa,
la calle está oscura y soberbia
y nuestro viaje seguimos;
entre los muertos recogemos vida,
entre los vivos más vida,
y todo eres tú,
todo lo que es y fue eres tú,
todo es vivirte y vivirte cada día,
todo tiene un sello de belleza
que estampó tu nombre en la sombra,
y poco a poco aparecías en todas partes,
y yo fui llegando poco a poco
hasta leer los letreros, las puertas,
los formularios, los buzones,
donde el nombre de todo es Hermelinda.

Llego siempre tarde a los sitios

Llego siempre tarde a los sitios,
a las reuniones, a los encuentros,
a las ceremonias que ordenó
el audaz tribunal de los recuerdos;
pero no se me atribuye, sin embargo,
ninguna falta de honor o respeto;
y algunos juran y pelean
que me vieron llegar temprano
una tarde que resplandecía
con el suave olor de la marea;
pero en verdad ya no se sabe
cuál es la hora, el sitio, la cita
que reservó la rosa con la espina,
y la quemadura que originó el tiempo
dejó todo al arbitrio del azar:
todos los deseos, las horas vividas,
los soles, los besos que trajo el mar,
todo lo que está en la palma de la mano
dictaminó con un zarpazo de sangre y vida
si llegaste muy tarde o muy temprano.

Hay que explorar unos lugares

Hay que explorar unos lugares
con olor agrio a fresas podridas,
a peces mordidos
por afilados arrecifes,
y a cada paso
un árbol caído escribe
en el diario una página sufrida,
lentamente desgranándose
como un papel
tan puro y antiguo
que se desmorona
de dolor entre los dedos.

Y debo explorar las raíces,
las más negras,
las subterráneas alcancías
llenas de oscura plata enmohecida,
donde los roedores merodean
como fantasmas o uvas perdidas,
y las ciudades de humo negro
donde las calles todavía
no tienen nombre o apellido,
y sólo se oye un lamento en los callejones,
o en los cines, o las peluquerías,
o los salones pintados de sangre y de rencores.

¡Oh, soledad sin remedio y sin medida!
¡Qué luz tan brillante guardas en la sombra!
Yo sé que hoy y ayer y mañana
verás la esmeralda que en la luz pasa inadvertida.

Entre piedra y piedra

Entre piedra y piedra,
palabra a palabra,
verso a verso
se construye el edificio.
Ladrillo,
agua y arena
zapata y metal
llegan primero,
y hombro y mano
sol y fuego
dolor y sangre
amor azucarado
fueron llenando
lentamente el espacio;
y algo nuevo
nació en la selva,
entre el follaje y los ríos,
como un árbol
que se recoge a sí mismo
en sus raíces,
como un hueso
que se hace un traje
con su esqueleto;
así el escalofrío
trabaja el alfabeto
de la piedra
y de la tierra

que no se conocía,
que cambia,
se transmuta
en el inasible edificio
de la poesía;
y con cada verso
nace un hombre
en la selva y el río,
y lentamente
en hueso y vida
se construye un universo.

Como biólogo inexperto

Como biólogo inexperto
asustado
por una esperanza
llegué a la espesura,
al aguijón negro
de oscuras lanzas,
a huesos
de extraña investidura,
al núcleo impregnado
del bosque,
a la soledad de mis raíces.

Y allí
en el follaje replegado,
como un extranjero
entre la gente,
saludaba,
contestaba cortésmente,
no sabía
con quién hablaba,
o si era un compañero
que dejó harina
sobre la mesa,
oculta
entre las hojas
el metal y la madera.

Era la primavera
que trajo la rosa,
era la diosa del destierro
diciéndome adiós
en la distancia,
y supe
que estaba
en el fierro honor
de la casa,
se destronó la mentira,
en aquella casa
el viento suspira,
cayó el cielo tembloroso,
y sobre cada día
se estrenó una espada de fuego
en la memoria.

Recuerdo aquel dolor

Recuerdo aquel dolor
que no era de melancolía,
que no maldecía
el sudor largo y salado
que condimenta los días:
era la desnuda presencia
de la muerte,
sin nada más al lado
ni al frente,
era la extravagancia
asesina,
células muertas
voraces y activas
declaran guerra a la vida,
y entre el rodar y rodar
de los dados,
una sentencia
de relámpagos
dictaminó mi suerte.

Y aunque
el tribunal incompetente
se había equivocado;
entre los metales
papeles y diagnósticos,
se descubrió un trono
en el pozo de la vida,

y allí,
desde entonces,
como un rey
desempolvado
quedó sentada la muerte.

Y allí en la estación donde nadie quiere

Y allí en la estación donde nadie quiere
esperar el tren a mediodía
es que se dan las afrentas del destino,
allí donde la fiebre causa
todos los sacos y fríos del invierno,
allí en el último ojo externo
se cuaja la uva y los atardeceres
que terminan muertos en el viento,
allí fue donde se descubrió la rosa
y la espina y todos los balances
que se balancearon como hojas
descubiertas en el trono de la vida,
allí donde el rocío descubrió
el hueso y la raíz escondida.

De tanto andar y andar

De tanto andar y andar
me quedé sin suelas,
sin zapatos,
la piel se derramó
poco a poco
hasta dejar sólo mis huesos,
y los labios que besaron
tantos labios,
y las manos que marcaron
tantas manos,
solo sabían caminar
en insidiosos círculos,
sin pies ni brújulas,
enjaulados desde afuera
por el dolor y el amor
de golondrinas pasajeras,
por la arboleda
que me rodeaba
como un túnel oscuro
en donde impasibles
volaban los pájaros del tiempo.

Hasta que se endureció
mi vida blanca,
y como un árbol que no dobla
cayó en pedazos
sobre la hierba húmeda,

mi vida áspera
se derrumbó en sombra fría,
y sólo entonces
recogí lo que había sido,
en una cesta interna
reconocí la piedra mía
entre las piedras del camino.

Entonces pude
ver las otras piedras
en el vacío
entremezcladas con la mía,
entonces pude hablar
y detenerme,
y escuchar la música
de mis hermanos,
entonces pude tocar
aquellas suaves
y extendidas manos,
de lo subterráneo subió
una cascada
de raíces, de ríos y fuego,
y de pronto apareció
una piedra más,
rodó y rodó
desnudo y verdadero
entre los otros,
y quedó en silencio
entre las lágrimas
un hombre más sobre la tierra.

Vivo al acecho

Vivo al acecho,
condenado al lúgubre oficio
de centinela insensato y ciego,
abro las puertas,
miro en los rincones,
por las calles oscuras
como un fantasma de ojos
camino deambulante,
salgo a la luz vespertina
y acumulo soles
y huesos y resina,
nada me detiene o me obliga
en estos sinsabores,
en estos huecos de vida
que cavaron los dioses;
todo queda muerto
con un golpe de campana,
y como una pantera
salta sobre su presa,
me quedo en la mañana
mirando mi esqueleto,
inmóvil en la aurora,
despierto y cegado
por la pared y el espejo.

Todo se recrea en la nada

Todo se recrea en la nada
como una semilla en la tierra,
y somos una secuela salada
de mar y viento y de la piedra,
cuando al doblar la esquina
encuentra frente a frente la heredera
de su inmenso y breve sufrimiento:
¿por qué se siente distinto en la vereda
y a la vez el mismo temblor de todos
lo sacude? ¿por qué tenía una vida
con mi nombre reservada en anaquel?
¿Quién hizo la compra y pagó la mercancía?
¿Quién reorganizó el hostal desierto?
¿O es que todas las semillas
se guardan en el mismo almacén
y se siembran en el mismo huerto?
¡Y un solo árbol habita en el silencio!

Te espero adentro en la noche

Te espero adentro en la noche,
entre el cáliz y el vino desacrado,
entre mi azul, mi orbe, mi tiempo,
solo, solo con el día alargado
Te espero, ¡Oh, calendario y muerte!

Que sepan los barbudos contornos
que nada se perdió en la sombra,
sino un recuerdo calcinado en el horno,
un beso apagado, unos calcetines,
un fantasma guardado en el armario.

Sólo Dios no me acompaña,
quizás una fe extraña y abrumante,
una quemadura en las entrañas,
una indómita extravagancia
de nacer de nuevo en la mañana.

Por eso te espero en la noche baldía,
solitario como un cisne ciego,
con todo mi ser y mis rosarios,
solo, solo con el día alargado
Te espero, ¡Oh, muerte y calendario!

¡Dime que sí!

¡Dime que sí!
amada de los árboles,
suavidad enlutada,
arcángel de la arena,
acércame al antiguo solario,
dame tu mano
que todos los siglos hereda,
escúchame
en esta noche de azucenas.
¡Dime que sí!
frente a frente al altar,
en el último atrio
donde ruedan los huesos
al azar por la escalera.
¡Escarnio de impíos!
vuelve a tu alcurnia,
permite el desafío
que antaño escarmentaba
la diosa del estío;
sagrada copa del río,
y una piedra que rodaba
como un anillo olvidado
por el sinfín de las auroras.
¡Dime que sí!

¡Dime que sí!
rosa olvidada,

oscura silueta de los sueños,
extraña verdad,
esqueleto de las ciencias,
dios infinito
de la infinita paciencia.

¡Acúsame!
Acúsame
de astuto y perezoso,
de orgulloso eco
empedernido de palabras,
de reflejo angustioso,
de intimidad transparente;
pero dime que sí:
¡Dime que sí!

Qué suave

Qué suave
extensión del tiempo
se nota en la madrugada,
como si los relojes
hubieran escapado
a contemplar otras pesadumbres,
y vivos y muertos
son un río dorado
que fluye sólo hacia el presente:
nube quieta,
luna bella,
corazón rendido,
la soledad que esperas
ya deshabitado,
la vieja espera
sin razón o pensamiento,
un centro perdido,
luminoso y transcendente,
un legado de viento,
de claridad,
de sol nacido y desgarrado.

Era una hoja seca que moría

Era una hoja seca que moría
envuelta por muros y palacios,
era el último acto de la rama,
y en la estación la recibía
otra hoja enlutada que moría.

¿Cómo llegó a ser anaranjada?
¿Y luego se volvió castaña su estadía?
¿Quién dictaminó su destino,
imantadora oscuridad de los mares?

Y en aquella estación ruinosa
una bestia de fuego cantaba,
silbaban las huellas circulares,
el viento negro ardía
y caían las estrellas temblorosas.

Y hoja y hoja se juntaron
en el esplendor secreto de una rosa.

Nunca supe el atrecho

Nunca supe el atrecho,
no descubrí el agrio viento
que acortaba los caminos,
y anduve sin abrigo, sin techo,
acumulando distancias,
gráficas de mares y piedras,
alas quebradas, sueños baldíos,
y un tormento, una uva seca,
fue mi cosecha por la tierra.

Por eso la luz me ciega,
como a un pordiosero
un despertar a mediodía,
y es necesario acostumbrarme
a esta quemadura mía,
a este llegar desde lejos,
a este sobrevivirse cada día,
a esta desempolvada herejía;
y todo no era sino un sonido
de papeles crujiendo
con el trueno de un secreto:
¡A partir de nuevo renacido!
¡A los intérvalos del tiempo!
¡Porque sudor y tierra y sangre
pisa el sol en los caminos!

Qué no pudo pasar

¿Qué no pudo pasar
inadvertido entre las cosas?
Un silencio quizás,
una pausa deslumbrante,
un sabor quieto, un animal solitario
mordiendo mariposas,
un temblor viejo
de sangre y de corsarios,
unas rosas verdes
que trajeron los reyes,
un grito de amor
que dio el Nazareno
en ciudades y desiertos,
y una amada
que hoy tendida
sobre sábanas y fieltros
está esperando mi llegada.

Nadie se detuvo

Nadie se detuvo
en la puerta:
cruzar el umbral
es vivir,
es la nave de la vida
que despega,
es el primer paso
hacia la entrega.

Me causa temor el oscuro miedo

(a W. S.)

Me causa temor el oscuro miedo
que arropa nuestros corazones.
¡Cobarde mandarín de los Infiernos!
No basta el sol y las razones.
Queremos sin horrores el cielo
y sin arena los desolados desiertos.
Quieres derramar miel sobre miel
y que no despierte el silencio.
¡Ay!, atrevidos seres de encanto
esculpiendo estatuillas de papel.
Que me lleve este miedo en su río de sangre.
Manto de hambre, lucida valentía.
Requiere el paso del terror día por día.

¡Como un seguro, como un impuesto,
el miedo desenfundado sabía
que aunque suene y viva para siempre;
en la ruta de decisiones y de restos
mil veces sobre la tierra habré muerto!
¡Y traicionado mil veces los Infiernos!

Tengo conmigo sólo un beso

Tengo conmigo sólo un beso,
un beso de mi amada,
y una transparente melancolía
siente del infinito una llamada:
de lo primal, desde lo más lejos
un rozar de lenguas y serpientes,
y un grito de dolor y noche,
hacen camino a través de lo finito.
Del corazón una luz airada,
inmensa, roja y fulgurante,
penetra la espesa sandía
de ecos y variantes,
y en cada boca crepita el fuego,
y en cada amor una osadía,
y en cada cuerpo un solo beso.

A la angostura del tiempo

A la angostura del tiempo
viajé vestido de oro antiguo,
de serafines alados y topacios
recogí uno a uno los tesoros,
y como una perla vieja
inaplazable, crucé a nado
todos los mares de la tierra.

Allí encontré mi corazón salobre,
entre las hendiduras
del silencio y del abismo
una gota de mar salpicó mi cara,
la materia dura
se disolvió en mí mismo,
y quedé haciéndome
como fruta en el agua oscura:
un pez en las redes de la ciencia,
un experimento que promete,
un granizo salado de existencia.

Una palmada en el hombro

Una palmada en el hombro
me hizo mirar al lado,
y vi un mundo de escrituras,
calles sin libretos,
una alfombra de oro rojo
desenrollada en los malecones,
los cielos desalmados,
una mujer roja,
y por el ojo de una puerta
vi la ternura de una rosa;
y es así que un ángulo discreto
derribó la desesperanza,
una vida verde se agarró a la tierra,
una luz de ansia meridiana
me transportó a unos ojos,
unos ojos como lanzas ajenas
con mi nombre en su madera,
y algo me reconoció en esos ojos,
algo que suena y vibra,
algo que vive y tiembla;
y al volver al frente la mirada
nada había cambiado,
nada era lo mismo,
pero ahora era yo el que miraba.

Murió un día de verano

Murió un día de verano,
un día largo como una sandía
en su papel encorvado,
y de toda responsabilidad relevado;
de las costuras y las decisiones,
de labios dulces y palabras,
de todos los besos enramados
que lloraron juntos con el viento;
y en un rostro, en un aliento
se perfilaba un arado
hundido en los confines de la tierra,
como un sol en horizontes helados
palpitando de frío en las entrañas,
unido en la secuencia,
en el proceso enarbolado
como una bandera de viajes infinitos,
dedicado al movimiento, a vivir
y nacer y renacer ya nacido,
sin propósito, voluntad o camino,
que no sea la vida misma
con su sordo rumor entre las olas.

Yo he oído las voces

Yo he oído las voces
que susurran en la noche,
y sigo errante, malherido,
sobreviviente y sobrevivido,
sin hacer caso,
como si no me hablaran
al oído cosas misteriosas,
escarbando con la mano
en la copa de todo lo vivido.

Los anos tristes, la música
sonora de agua y de sonido
de un pasado o un futuro,
o una vuelta en el camino,
no acallan las voces
que susurran en mi oído:
no somos portavoces
excepto de mí mismo,
situado, resuelto, establecido
en este claro día,
en este momento herido
por un rayo de presente,
por una plenitud de ahora,
comienzo y fin fusionados
en el tiempo extendido,
todo y nada contemplado
en la corteza azul y silvestre
de un mar embravecido.

¿Quién estuvo allí?

¿Quién estuvo allí?
¿Quién presenció el milagro?
¿Cómo estaban el mar y las praderas?
Para empezar, nadie sabe
de qué extraño metal son las barreras,
o por dónde surgió una ventana,
o si era de nueces o barrigas,
o si daba más luz o más tomates.
Hay labor de santos
hay viajes, hay centauros,
hay escarabajos y gritos,
hay huesos y sol y vino,
y brisas que cargan manzanas,
y detrás de todo eso
hay torres y campanas,
hay olor a tierra roja
a bosque y a caminos.

¡Oh, ese mar!

¡Oh, ese mar!
esa onda sagrada del viento,
ese azul absolutista,
me dio el porvenir
una apuesta en cada ola,
un nido de silencio,
una cáscara en la arena.
Ese mar me enseñó el sol,
y un crepúsculo verde
desembrolló el silencio,
allí descubrí la tierra
entre las galas submarinas,
en el suelo gris
y denso de un atardecer en Emajagua.
¡De ahí soy yo!
de esa constancia
que llama de lo lejos,
de la última espuma destacada
allá bien lejos,
de ese lugar brumoso
después del mar:
sólo después del mar
se reconoce el sabor a tierra.

Ya me he ido

Ya me he ido
y regresado,
al nido de tus hojas,
al vientre de tu lado,
y ahora te digo adiós
como se dicen adiós los hermanos,
porque dentro de mí estás,
dentro de mí vives,
porque dentro de ti sigo
y vivo y canto
en tu capilla y tu campana;
frente al mar, en la lluvia,
ya no estás solo, ni fijo,
y gota a gota cae una madrugada
como un hilo de savia
que tal vez nos pertenece
en el nombre de Emajagua.

Ya me he ido
y regresado,
el frío quedó atrás,
las asfixiantes alturas,
la neblina de los altos picos,
y la estela pura del viajero
igual que el mar
marco para siempre la piedra.

¡Y vivo, entre tus hojas vivo!